Preface

El prefacio de este libro muestra el vínculo entre gemelos. También enseña a los niños de 5 a 8 años cuánto les ama Jesús. Los niños también aprenderán a rezar y a amar a la manera de Jesús. Aprenderán que intimidar a otros niños no es algo que Jesús quiera que hagan; este libro es excelente para que los niños lo lean ellos mismos o para que los padres, abuelos y otros adultos se lo lean a los niños. Por último, se puede utilizar este libro para enseñar a los niños sobre Jesús y lo que hizo en la cruz por el mundo.

Mareli y Mariela son gemelas que lo hacen todo juntas. Antes de acostarse, se sentaron una junto a la otra en la mesa. Su madre sonreía mientras les daba su comida favorita: tacos.

Después de cenar, fueron a su habitación, donde se sentaron juntos en su cama y leyeron algunas escrituras favoritas de su Biblia. Les encanta leer sobre Jesús. A Mareli le entró sueño; acordaron bañarse, lavarse los dientes y prepararse para ir a la cama.

Las niñas se pusieron sus pijamas rosas a juego. Se arrodillaron junto a su cama y rezaron esta oración. "Dios, te damos gracias por una buena semana en el escuela. Te damos gracias por mama, papa y nuestros abuelos. Te damos gracias por querernos. Dios, te pedimos que nos cuides a nosotros y a todos mientras dormimos y que bendigas a todos los enfermos, los sin techo y los hambrientos del mundo. Rezamos esta oración en nombre de Jesús. Amén".

Mareli y Mariela se despertaron al día siguiente entusiasmadas porque era sábado, el día que su madre les había prometido llevarlas al parque. Se pusieron su camiseta morada que decía. (Kids for Jesus), pantalones cortos blancos y zapatillas de tenis.

Después, se sentaron a la mesa, rezando sobre la comida. Su madre había puesto sus cereales favoritos sobre la mesa, con leche, cuencos y un vaso de zumo de naranja. Estaba ocupada preparando bocadillos y agua para cuando fueran al parque.

El parque no está lejos de su casa. Las niñas y su madre caminan hacia el parque. Mareli y Mariela caminan delante de su madre cogidas de la mano. Su madre les enseñó a estar seguras y a no hablar con extraños.

Cuando llegaron al parque estaban cansados. Se sentaron en un banco y descansaron. Después, las niñas fueron a los columpios porque querían columpiarse primero. Su madre se quedó en el banco mirándolas.

Lo que vieron Mareli y Mariela cuando fueron a jugar a los columpios las entristeció. Vieron a dos niños llamados Josué y José. José estaba tirado en el suelo llorando después de que Josué le empujara del columpio. José no entendía por qué porque había otros columpios.

Las chicas se acercaron a ayudar a Joseph y le preguntaron qué había pasado. Joseph les contó que Joshua siempre le acosaba sin motivo. Mareli le dijo a Josué que lo que hacía no estaba bien y que a Jesús no le gustaba que los niños hicieran daño a otros niños. Josué le preguntó quién era Jesús porque no conocía a nadie que se llamara Jesús.

Los cuatro se sentaron en un banco mientras su madre los observaba. Mareli le dijo al niño que Jesús era el Salvador del mundo. Mariela también le dijo que Jesús murió en la cruz por todas las cosas malas que hacemos, y que nos perdona cuando se lo pedimos. Josué se sintió triste y preguntó si Jesús lo amaba. Mareli también le dijo que Jesús ama a todos y que no le gusta que hagamos cosas malas.

Mientras seguía sentado en el banco, Josué empezó a llorar porque no sabía quién era Jesús. Se alegró de saber que Jesús le quería. Mareli le dijo a Josué que le dijera a José cuánto sentía haberlo empujado. Josué lo hizo y se abrazaron, fueron al columpio y empezaron a jugar juntos. Las niñas estaban contentas de compartir a Jesús con Josué, que nunca había oído hablar de Él.

Las niñas se acercaron a la tabla deslizante. Estaban deslizándose y divirtiéndose cuando se acercó una niña; les dijo que se llamaba Sue Ling y les preguntó si podía jugar con ellas. Las niñas dicen que sí, pero preguntan a Sue Ling dónde están sus padres. Ella les dijo que su padre estaba sentado en el coche mirándola. Todas se rieron y jugaron juntas.

Los gemelos se cansaron y quisieron volver a donde estaba sentada su madre. También tenían sed y hambre. Las niñas le pidieron a Sue Ling que las acompañara, pero ella dijo que no porque no podía hablar con adultos extraños. Mareli y Mariela le dijeron a Sue Ling que lo entendían porque sus padres les habían enseñado lo mismo. Sue Ling se despidió de ellas y se fue a jugar con otros niños.

Mareli, Mariela y su madre se sentaron en el banco, comieron bocadillos y bebieron agua. Le contaron a su madre lo de los dos niños y cómo habían compartido a Jesús con el niño al que le encantaba pelear. Su madre les dijo que estaba orgullosa de ellas porque Jesús quería que habláramos de Él a los demás.

Cuando las niñas terminaron de comer, volvieron a los columpios para divertirse columpiándose. Se rieron y jugaron hasta que se cansaron. Decidieron jugar en otra atracción.

Cuando llegaron al otro lado del parque, vieron a dos gemelas que iban cogidas de la mano mientras su madre y su padre caminaban detrás de ellas. Las niñas se alegraron de conocer a otro par de gemelas como ellas. Se llamaban Keisha y Marsha.

Después de jugar en el tobogán, una de las otras gemelas les preguntó por las camisetas que llevaban. Quería saber por qué las niñas llevaban camisetas que decían: (Los hijos de Jesús). Mareli y Mariela se alegraron de haber preguntado. Las cuatro se sentaron en un banco y las gemelas les hablaron del nacimiento, la muerte y la resurrección de Jesús. Compartir a Jesús con otros niños era una de las cosas que más les gustaba hacer a Mareli y Mariela.

Los gemelos se despidieron. De repente, empezó a llover. Su madre les da paraguas y les dice que es hora de volver a casa. Estaban contentas porque habían pasado un día divertido en el parque y habían conocido a nuevos amigos.

Mareli, Mariela y su madre empezaron a caminar hacia casa. Su madre se alegró de haberse acordado de meter los paraguas en la maleta, porque llovía a cántaros y hacía frío.

Se alegraron cuando llegaron a casa. Mareli y Mariela fueron a su habitación a ponerse ropa seca. Después se sentaron en la cama, cogieron la Biblia y la leyeron para prepararse para la escuela dominical del día siguiente. Se durmieron leyendo la Biblia.

Mientras dormían la siesta, su padre volvió del trabajo. Fue a su habitación y vio que estaban descansando. Sonrió mientras observaba a sus hijas.

La madre también estaba cansada y se sentó en el sofá con el padre antes de preparar la cena. Le contó al padre cómo las niñas compartían el amor de Jesús con otros niños en el parque. Él estaba orgulloso de sus hijas. Ellas también estaban cansadas y se durmieron en el sofá.

orgulloso de ellas. Después, dieron un beso de buenas noches
a sus padres y se fueron a su habitación a prepararse para ir
a la cama, porque al día siguiente tenían que madrugar para ir
a la iglesia.

Más tarde. Mamá se levantó para preparar la cena. Hizo sopa y bocadillos. El padre pide a Dios que bendiga la comida. Comieron, y Mareli y Mariela le contaron a su padre su día en el parque. Él les dijo a las niñas que estaba orgulloso de ellas. Después, dieron un beso de buenas noches a sus padres y se fueron a su habitación a prepararse para ir a la cama, porque al día siguiente tenían que madrugar para ir a la iglesia.

TINY TREE

This book is dedicated to my brother Jamie and friend Will (25-05-1992 - 27-04-2016)
It hopes to support anyone impacted by cancer.
Thank you to everyone who helped to inform this book by sharing their own experiences.

First Published 2023
Tiny Tree Children's Books (an imprint of Matthew James Publishing Ltd)
Unit 46, Goyt Mill, Marple, Stockport SK6 7HX

www.tinytreebooks.co.uk

ISBN: 978-1-913230-46-3

Illustrations ©Adam Walker-Parker

My Brother Has Cancer

Written by
Alex Winstanley

From the
creators of
My Grandma
Has Dementia

Illustrated by
Adam Walker-Parker

My brother has cancer,
but what does that word mean?
Let's talk it through together.
Come along: I'll set the scene.

Meet my older brother,
we get along so well.
Which of us has the most fun?
It is often hard to tell.

But one day things got serious:
my brother had found a lump.
He told me, "I have cancer."
I was scared... it made me jump!

"Not every lump means cancer,
but this is, the doctor had said.
Luckily, I've found it early,
which might prevent a spread."

Cancer is caused by bad cells
in the body that grow and grow.
It affects different areas
and can take some time to show.

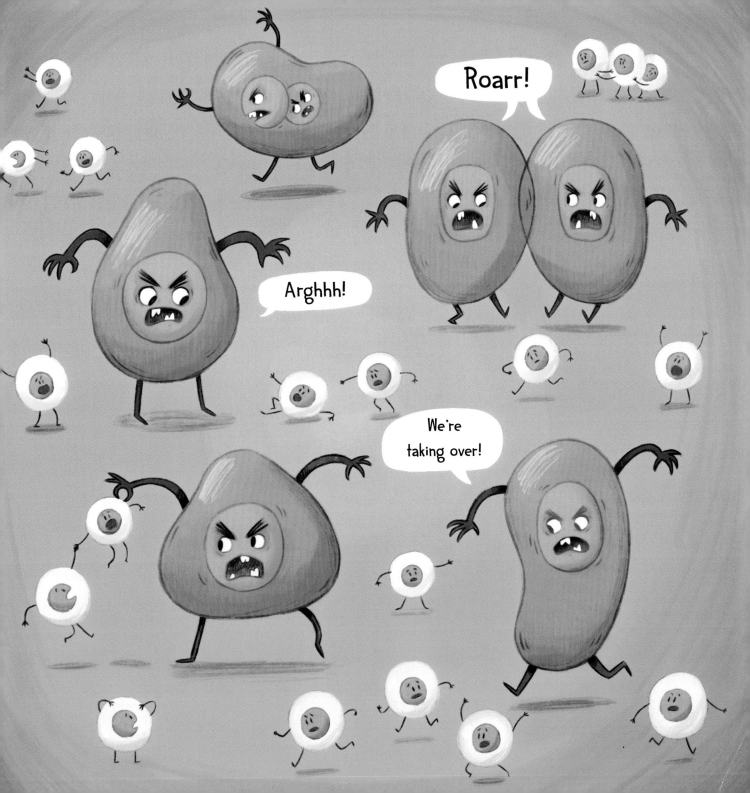

There are many types of cancer,
and varied ways to treat it.
My brother's tumour was in one place,
so he had surgery to remove it.

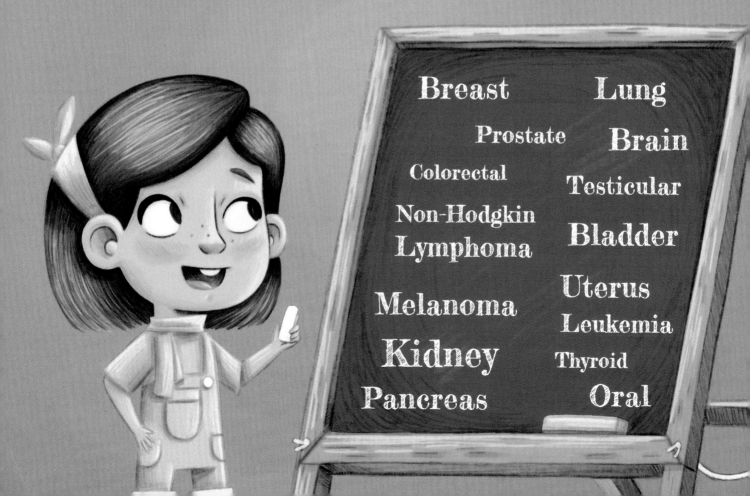

Chemotherapy can help others.
It is very strong medication.

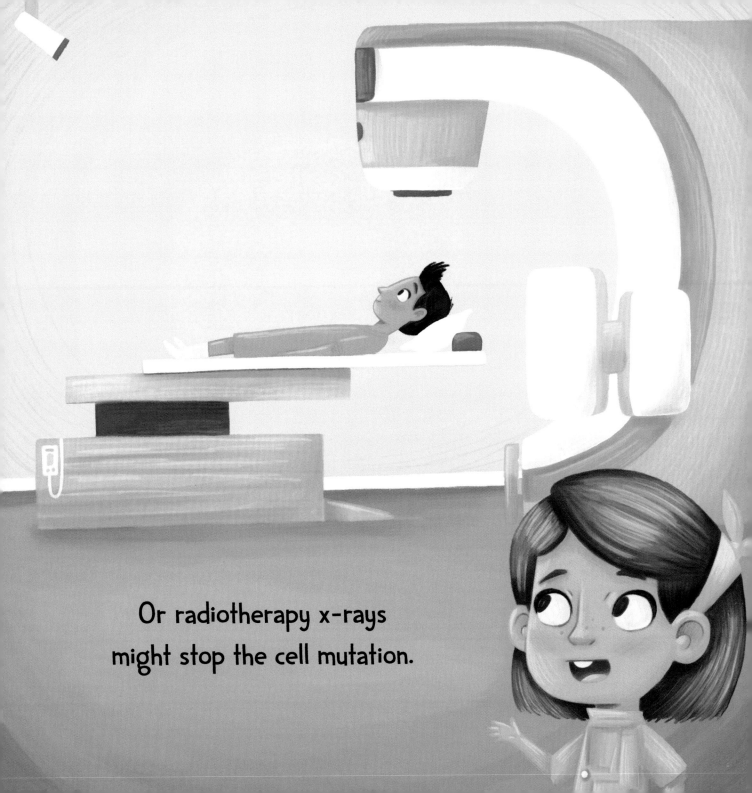

Or radiotherapy x-rays
might stop the cell mutation.

This may lead to side effects
like losing appetite or hair.
It can change how people look,
so it's important not to stare.

My brother's treatment took a while:
he was careful of infection.
Exercise and a good diet
were helpful forms of protection.

Sadly, some aren't so lucky,
as cancer can lead to loss.
Try to focus on the good times.
Someday you'll be less sad and cross.

Be friendly and supportive.
Remember, no one is to blame.

Talk to family and friends:
they probably feel the same.

My brother still has check-ups
to check his cancer stays away.

This means we can carry on
having lots of fun each day.

My brother has cancer.
Now you know about it too.
When you meet someone with cancer
you'll know just what to do.

About the Author

My name is Alex Winstanley. I am an author, teacher and social entrepeneur from Wigan, England. My background as a teacher, as well as a carer to young disabled adults, has shaped my outlook on the inclusion of disabled people and those with long-term health conditions across society. Through my books I aim to raise awareness of a range of long-term health conditions in a positive and supportive way for children and young people. I am extremely passionate about promoting a diverse and inclusive society in which every person is valued and celebrated. Each one of my books is inspired by real people as I believe there is nothing more important than giving a voice to those with lived experience.

@alexwinstanleyauthor
/alexwinstanleyauthor
@alexwauthor

About the Illustrator

My name is Adam Walker-Parker. I am an artist and illustrator represented by Lemonade Illustration Agency from the Cairngorm National Park in the Highlands of Scotand. I focus on creating illustrations for books that are fun and engaging and that help to raise awareness of many health conditions. I enjoy creating images with inclusion and diversity in mind.

www.awalkerparker.com

My Child Has Cerebral Palsy

Written by
Alex Winstanley

Illustrated by
Adam Walker-Parker

From the creators of the award winning **My Grandma Has Dementia**